AF340509

VOTONS POUR LES 363

ADRESSER

LES DEMANDES

à MM. Richard et Cie, imprimeurs, 18-19, passage de l'Opéra.

—

Le cent.... 4 fr. 50

Le mille... 40 »

Le port en sus

LE PÈRE GÉRARD

à Monsieur

Jean-Pierre HEURTAUD

Cultivateur

A Anisy

(CALVADOS)

5 CENTIMES

VOTONS POUR LES 363

Paris, 10 août 1877

MON BRAVE JEAN-PIERRE,

Tu ne comprends pas grand chose, m'écris-tu, aux événements politiques qui viennent de s'accomplir; je te crois sans peine... il y a bien des millions de Français qui sont comme toi, car si quelque chose a produit de l'étonnement, de l'émotion et de l'irritation dans ce pays, c'est bien certainement ce qui s'est passé le 16 mai.

Comment! la France était tranquille! l'argent avait confiance ! les transactions étaient nombreuses ! l'Exposition universelle de 1878 s'annonçait brillante ! l'apaisement se faisait dans les esprits ! on respirait plus à l'aise, car on pensait que les partis monarchiques n'oseraient plus troubler le pays ! — lorsque du jour au lendemain tout est changé, tout est renversé, tout est à refaire.

Un ministère républicain, celui de M. Jules Simon, est remplacé brusquement et sans motifs par un ministère réactionnaire et clérical.

Les mêmes hommes que le suffrage universel avait chassés du pouvoir l'escaladent de nouveau ;

L'administration est bouleversée d'un bout à l'autre de la France ;

Les pires ennemis de la République sont effrontément remis en place ;

La Chambre des députés est dissoute !

Et cependant cette Chambre, avait-elle cessé un moment de donner la preuve de sa prudence et de sa modération ?

Non, mille fois non, mon brave Jean-Pierre

et ceux qui assurent le contraire ne disent pas la vérité.

La Chambre des députés avait affirmé dès le premier jour son esprit de justice par la vérification minutieuse de ses pouvoirs;

La Chambre des députés s'était mise courageusement au travail;

Elle avait pris souci d'étudier le budget et d'en supprimer les abus;

Elle avait voté avec patriotisme et quasi sans discussion tous les crédits réclamés pour le culte, pour l'armée et pour notre organisation militaire;

Elle avait eu à cœur d'améliorer le sort des sous-officiers;

La Chambre des députés avait augmenté le budget de l'instruction publique, et beaucoup de professeurs et d'instituteurs en savent quelque chose;

La Chambre des députés avait fondé l'Institut agronomique, dont nos cultivateurs ressentiront bientôt l'impulsion et les bienfaits; elle avait préparé de nombreuses lois favorables à l'agriculture, lois dont la dissolution est venue arrêter là discussion et le vote.

La Chambre des députés avait fait preuve enfin de la plus grande modération, et s'était montrée, en toute occasion, déférente envers le Sénat.

Eh bien ! c'est justement parce qu'elle a été tout cela, parce qu'elle a fait preuve de justice, de modération, parce qu'elle a travaillé comme jamais assemblée n'avait peut-être travaillé, parce qu'elle s'est montrée prudente et libérale, respectueuse des droits du Sénat et des pouvoirs du Président de la République, que les réactionnaires l'ont renversée. Voilà la vérité !

Les affaires de la République allaient avant le 16 mai, comme sur des roulettes, et si M. Jules Simon eût continué d'être ministre, nos campagnes, j'en mettrais ma main au feu, auraient été toutes gagnées à la République avant 1880.

C'est justement ce qui effrayait les réactionnaires, et c'est pour cela qu'ils ont fait le 16 mai. Voilà encore la vérité !

Tu comprends donc maintenant que si on a renvoyé M. Jules Simon, c'est que M. Jules Simon représentait la politique républicaine en présence de la politique réactionnaire;

C'est que M. Jules Simon représentait la cause de la liberté religieuse en face de la cause du cléricalisme;

C'est que M. Jules Simon représentait la France moderne contre la vieille France, le progrès contre la routine, la liberté contre l'arbitraire, la loyauté contre l'équivoque, le gouvernement parlementaire contre le gouvernement personnel !

Voilà, Jean-Pierre, les seuls et vrais motifs qui ont fait faire le 16 mai : il n'y en a pas d'autres.

Ce qu'on rêve, crois-moi, à l'heure présente, c'est de nous ramener avant 89;

Ce qu'on regrette, c'est le bon vieux temps où les nobles et les prêtres faisaient la loi;

Ce qu'on veut, c'est une monarchie, qui te reprendra le droit de nommer ton maire, le droit de nommer tes sénateurs, le droit de déclarer la guerre.

Ce qu'on prépare, c'est la mutilation du suffrage universel! qui a fait de toi un homme et un citoyen.

Et ne crois pas, au moins, qu'on ait le courage d'avouer publiquement ce programme ; « pas si bête! » On insinue, au contraire, qu'on est tout à fait dans les idées de 89, et qu'on n'a qu'un but: celui de défendre la République!... Ah! quels bons amis... pour lui tordre le col!

Ne te laisse donc pas prendre à toutes ces déclarations : tu sais ce qu'elles valent, venant de pareils hommes.

L'aventure du 16 mai, n'est-ce pas, a été conduite tambour battant. — Ah! c'est que, vois-tu, Jean-Pierre, l'heure pressait! Les élections des Conseils généraux et des Conseils municipaux devaient avoir lieu cette année, et les temps étaient proches, comme dit l'Evangile, où le pays allait encore se faire le grand justicier des hommes et des idées de la réaction, et ces hommes-là avaient peur!

Encore quelques mois d'un gouvernement sage et libéral comme l'était celui de M. Jules Simon et la confiance était acquise tout entière à la République.

Messieurs les ducs ne l'ont pas voulu ainsi.

Car elle est assez aristocratisée, notre brave République : — ducs par ci, ducs par là. On en a mis partout.

Et c'est bien heureux, paraît-il, pour nos institutions, car, à ce qu'ils disent, si les républicains conduisaient les affaires de la République, la République serait déjà enterrée.

Tu ne crois pas à cela, mon brave Jean-Pierre, et tu as joliment raison. C'est à peu près comme si on te disait de mettre des loups dans ta bergerie, ou des renards dans ton poulailler.

Il y a en France trois partis qui se haïssent et qui, depuis six ans, ont cherché tour à tour à mettre la main sur le pouvoir. Mais quand l'un des trois a voulu « tirer à lui » plus de bouillie que les deux autres, ceux-ci lui ont donné de grands coups de cuillère sur les doigts.

Et ils s'en donneront jusqu'à la fin. — Si on les laissait faire, vois-tu, ils arriveraient à se jeter le chaudron par la tête, — et la bouillie une fois par terre, ce n'est pas cela qui donnerait à dîner aux petites gens comme toi et comme moi.

Et cependant, Jean-Pierre, c'est nous qui fournissons le lait et la farine, et nous avons bien le droit, il m'est avis, de nous occuper quelque peu de la cuisine.

Patience ! avant deux mois, nous aurons la parole et nous signifierons notre volonté. Notre bulletin de vote, vois-tu, que ces gens-là voudraient nous enlever, leur apprendra que le paysan ne veut pas se replacer de gaieté de cœur sous la domination des curés et des nobles : nous ne le voulons à aucun prix, n'est-ce pas, Jean-Pierre ?

Les curés ? Eh parbleu ! nous les respectons tous bien, mais à la condition qu'ils s'occupent de leur église et qu'ils ne se mêlent pas des affaires de la Commune.

Les élections auront lieu d'ici peu mon brave Jean-Pierre : sois sur tes gardes ; un homme prévenu en vaut deux. — Les mêmes personnages du plébiscite vont se remettre en campagne, s'ils ne l'ont déjà fait, et cette fois bras dessus bras dessous avec les légitimistes et les cléricaux ; ils vont chercher à t'entourer ; ils inondent déjà les villages de leurs brochures dans lesquelles ils cherchent à falsifier l'histoire et à tourmenter ta conscience.

Moi, Jean-Pierre, rends-moi cette justice, je ne cherche qu'à t'éclairer et à te convaincre par mon raisonnement. Je te parle à cœur ouvert, sans détours, comme sans colère et sans autre but que de t'être utile. Certains t'accosteront qui ne t'ont jamais adressé la parole ; ton maire, s'il est bonapartiste ou légitimiste, te priera ou te menacera au besoin ; ton curé se mettra de la partie. — Ils te corneront sur tous les tons que tout est perdu (oui, perdu pour eux !), si tu ne votes pas pour le candidat de leur choix. Ils te parleront des Rouges, des Communeux, comme si ce n'était pas la République qui avait combattu ces derniers !

Ils chercheront en un mot à te faire peur... pour te voler ta voix.

Mais sois homme, Jean-Pierre, ne la donne pas, si ta conscience ne te dit pas de la donner.

N'aie pas peur surtout de leurs menaces, car ils s'exposent en te les faisant à toutes les rigueurs de la loi, et ils en rendront compte un jour, sois sans inquiétude.

Quant à leurs attaques contre la Révolution française, il faut vraiment qu'ils nous croient bien naïfs pour les recommencer.

Tu sais comme moi, Jean-Pierre, que c'est justement la Révolution qui a sorti nos pères de l'état de misère et de dépendance où ils étaient avant cette époque.

Tu sais que c'est la Révolution seule qui nous a apporté la liberté et qui nous a donné notre place au soleil ;

Que c'est la République qui nous a faits indépendants et égaux ;

Que c'est la République qui nous a faits propriétaires !

Eh bien ! Jean-Pierre, vote pour la République ! Nous autres, roturiers et paysans, nous ne pouvons faire autrement, sous peine de renier nos pères qui sont morts pour la liberté. Vote pour elle, c'est ton droit, Jean-Pierre ; c'est même un devoir sacré pour toi.

Que les fils de nobles qui portent un grand nom aient conservé les idées de l'ancien temps, qu'ils suivent les pèlerinages et crient : « Vive le Roy ! » la chose peut encore se comprendre, quoique beaucoup, et des plus honorables, se soient ralliés à la Révolution : mais que toi, Jean-Pierre Heurtaud, laboureur, fils de Jean Heurtaud, en son vivant charpentier, ou que moi, François Gérard, petit propriétaire, nous allions faire chorus avec nos adversaires ; voilà ce qui ne sera jamais, voilà ce que nous ne voulons pas qui soit.

Allons, Jean-Pierre ! ne te laisse pas influencer ! Encore une fois vote selon ta conscience ! et n'oublie pas que le vote est secret !

Je te rappelle cela, mon brave Jean-Pierre, parce que je sais que tu ne veux faire de la peine à personne et que tu désires rester en bons rapports avec tout le monde ; cela se comprend, surtout dans un petit endroit où on a l'habitude de se voir depuis l'enfance, et où l'on demeure souvent porte à porte : et puis aussi, pourquoi ne le dirais-je pas ? les petits dépendent toujours des grands : les garçons de ferme des grands valets, les grands valets des fermiers, les fermiers des propriétaires, les ouvriers de ceux qui les font travailler. Cela est un peu vrai dans le commerce de la vie ordinaire, et je comprends qu'on n'ose pas toujours développer ses idées comme on voudrait ; mais à l'heure du scrutin, à l'heure solennelle du scrutin, on ne doit dépendre de personne ; on ne doit relever que de sa conscience, et c'est bien pour que l'électeur ne soit pas tourmenté et échappe à certaines influences que la loi a voulu le vote au scrutin secret.

A toi donc de prendre tes précautions et de déposer dans l'urne le bulletin de ton choix. A bon entendeur salut !

Tu me demandes maintenant, Jean-Pierre, à quel candidat je donnerai mon suffrage.

Le Père Gérard, tu n'en as pas douté un instant, votera pour le candidat Républicain.

En nommant le candidat Républicain :

Il n'y a plus de révolution à craindre, puisqu'il conservera le gouvernement établi, et qu'il respectera et fera respecter la Constitution.

En nommant le candidat Républicain :

Il n'y a plus la guerre à redouter, parce que les Répulicains, M. Thiers en tête, se sont toujours opposés à la guerre.

Et ma foi, mon brave Jean-Pierre, j'ai un fils, un beau gars, ma foi, un travailleur qui fait honneur à toute la famille et qui te souhaite le bonjour, eh bien ! je n'ai pas envie de l'envoyer se faire tuer pour le Pape ou pour le petit monsieur Napoléon IV. Je n'ai pas le désir que la tuerie recommence, que l'ennemi emmène mes bestiaux et pille ma maison. J'ai malheureusement vu tout cela Jean-Pierre, et, je ne veux pas le revoir. Il y a bien des places vides au foyer dans nos campagnes, il y a bien des mères qui pleurent. — Eh bien ! tu connais les hommes qui ont enlevé à la ferme ou à la chaumière nos jeunes gars si vigoureux et si remplis de gaieté. Tiens, vois-tu, Jean-Pierre, si nous votions pour ces mêmes hommes, j'aurais toujours comme l'idée que les pauvres enfants nous maudiraient ! Il ne faut pas en effet être bien malin en politique pour prévoir ce qui arriverait, si malheureusement les ennemis de la République et de la Constitution entraient en majorité à la nouvelle Chambre.

Avec les bonapartistes, ce serait dès le lendemain la guerre avec la Prusse.

Avec les royalistes, ce serait dès le lendemain la guerre avec l'Italie.

Avec les uns ou les autres ce serait dès le lendemain la guerre civile !

Eh bien ! non, Jean-Pierre, tu es de mon avis, n'est-ce pas, assez de guerre ! assez de sang répandu ! L'ordre et la tranquillité, c'est cela que nous voulons. — Et la République, ce sera l'ordre et la tranquillité le jour où tu le voudras, mon brave Jean-Pierre, le jour où armé de ton bulletin de vote tu rendras impuissants les mauvais citoyens qui la troublent et qui voudraient la renverser.

Ce jour-là est proche.

Au nom de tes plus chers intérêts,

Au nom de tes enfants,

Au nom de la Patrie,

Au nom de l'Ordre,

Au nom de la Paix,

TU VOTERAS POUR LE CANDIDAT RÉPUBLICAIN

Je compte sur ton bon sens et sur ton patriotisme, mon brave Jean-Pierre, et je te serre cordialement la main.

Le Père Gérard.

3220 — Paris. Imp. Richard et Cie. 18-19, passage de l'Opéra

81